MA THÉOLOGIE

DÉDIÉE A MES VIEUX CAMARADES

ROUEN

Imprimerie Emile Deshays et Ce

58, rue des Carmes, 58

1892

MA THÉOLOGIE

MA THÉOLOGIE,

DÉDIÉE A MES VIEUX CAMARADES

ROUEN

Imprimerie Emile Deshays et C⁰

58, rue des Carmes, 58

.1892

TABLE DES MATIÈRES

DOGMES.

—

La vie, qui nous a été donnée, nous impose des devoirs dont l'accomplissement est facilité par la croyance en Dieu.

———

Dieu est l'être immatériel et infini qui a tout créé.

———

Son existence est visible dans l'organisation intelligente des mondes et se déduit rationnellement de l'impossibilité, pour la matière, d'exister de toute éternité.

———

Dieu manifeste sa présence et son action par l'accomplissement et non par la violation des lois qu'il a créées.

———

Avec un peu de bon sens et de réflexion, l'homme peut savoir tout ce qui lui est utile et possible de comprendre sur sa destinée.

———

Chacun de nous doit, dans les limites de ses forces, chercher la vérité. C'est un devoir auquel il ne faut pas se soustraire, sous le prétexte que l'intelligence humaine serait insuffisante et le résultat final de toute philosophie de savoir que nous ne savons rien.

Certes l'homme ne peut tout comprendre. Il y a, dans l'infini et les causes premières, des inconnues devant lesquelles il est obligé de s'arrêter et de s'incliner, mais on ne peut lui dire, surtout aujourd'hui, qu'il ne sait rien.

Le domaine du fini offre de vastes champs dans lesquels l'esprit humain peut se mouvoir légitimement, et, si l'homme, être fini, ne peut pénétrer dans l'infini, il peut arriver jusqu'à lui et en constater l'existence. Nous savons que le temps et l'espace, ne peuvent être conçus autrement qu'infinis, nous avons donc une notion certaine de l'infini.

———

Que les philosophes, sans feinte humilité, sans jouer sur les mots et sans s'arrêter à vouloir prouver ou nier les vérités admises par tout le monde, poursuivent l'étude de l'esprit humain, en déterminent la puissance et les limites, et continuent à enseigner aux hommes leurs droits et leurs devoirs, ils ont encore de grands services à rendre à l'humanité. Il ne manque pas, même chez les peuples les plus civilisés, de préjugés, d'idées fausses et de tyrannies à combattre.

———

L'homme est évidemment sujet à l'erreur et a même la faculté de croire sincèrement à des choses absurdes ; il a cependant en lui un instrument infaillible, la raison, et quand il veut ne se laisser diriger que par elle, comme en science mathématique, il atteint sûrement la vérité. Si des hommes prétendent vous y conduire par une autre voie, soyez bien persuadés qu'ils ne pourront que vous abuser, en vous donnant pour des réalités les produits de leur imagination ou de leur crédulité.

———

Des savants modernes, désirant n'enseigner que des choses scientifiquement démontrées, ne veulent ni nier, ni affirmer l'existence de Dieu. Leur scrupule philosophique peut être considéré comme très respectable, mais la prudence normande n'est pas de mise ici. L'existence de Dieu est une question qui s'impose à la conscience humaine et sur laquelle nous sommes forcés d'avoir une opinion. Supprimer la théologie n'est pas une solution. En attendant que les savants aient pénétré le mystère de la création, l'humanité ne peut rester sans opinion sur son créateur et sur nos devoirs envers lui.

———

Voltaire, l'homme d'esprit et de bon sens par excellence, a dit avec raison : « Si Dieu n'existait pas, il faudrait l'inventer », et le vieux maître, Rabelais, non moins intelligent, termine sa consultation, dans son temple de la vérité, par ces mots : « Allez en la protection de cette sphère intellectuelle, dont le centre est partout et la circonférence nulle part, c'est Dieu ».

———

J'invoque l'autorité de ces deux grands philosophes, parce qu'ils paraissent jouir, en ce moment, de la faveur populaire et ne sont pas suspects de cléricalisme, quoique l'un soit un aristocrate et l'autre un curé. Je conclus ainsi :

recherchons tous le Dieu vrai, mais mieux vaut nous exposer à adorer de faux dieux que de ne croire à aucun.

———

Si un peuple pouvait exister sans croyance en une divinité, il occuperait certainement le dernier rang dans la marche de la civilisation.

L'humanité progresse en améliorant ses religions et non en détruisant toute religion.

UN PAIEN INCRÉDULE.

Les histoires de Saturne, de Jupiter et de tous les autres dieux païens prouvent incontestablement la puissance et la poésie de l'imagination humaine, et ont été d'une grande ressource pour les arts. Mais, si on se place au point de vue de la raison, si l'on se préoccupe de la vérité, on ne peut s'empêcher de dire : « Comment les Grecs et les Romains, peuples très intelligents, ont-ils pu pendant si longtemps, croire à de pareils dieux et les adorer ! »

Un certain nombre de Grecs et de Romains n'ont vu, il est vrai, dans ces croyances que des légendes fabuleuses ou des allégories transformées par les poètes, les prêtres et le vulgaire en êtres réels, et ont été convaincus, comme nous le sommes tous aujourd'hui, de la fausseté de cette mythologie.

Je me suis souvent demandé de quelle manière, sous le rapport religieux, devaient se conduire ces païens incrédules, soit comme chefs civils ou militaires, soit comme pères de famille, soit comme simples citoyens entièrement indépendants.

J'ai trouvé la solution de la première partie de ma question, en relisant, il y a quelque temps, l'anecdote très connue de Claudius Pulcher. Ce consul était sur le point de livrer bataille aux Carthaginois à Drépane Avant l'action les poulets sacrés furent, suivant l'usage, consultés ; ils refusèrent la nourriture qui leur fut offerte, c'était un funeste présage. « Eh bien, dit le consul, qu'on les jette à la mer, ils boiront, s'ils ne veulent pas manger. » Claudius Pulcher fut battu et sa défaite attribuée à son impiété.

Je crois bien que s'il a perdu la bataille, c'est, comme le remarque un commentateur de cette histoire, par suite d'une mauvaise manœuvre et de l'infériorité de ses vaisseaux ; mais ce critique ajoute, avec non-moins de raison : « Il est probable aussi que les Romains, effrayés par la superstition et s'imaginant qu'ils combattaient en dépit des dieux, auront agi, en cette circonstance, avec lenteur et timidité. » De sorte que Claudius Pulcher a fait une plaisanterie nuisible au succès de son entreprise et au sort des hommes qu'il commandait. Il a donc mal agi.

Les chefs civils ou militaires, pour accomplir les missions qui leur sont confiées ou qu'ils s'attribuent, doivent employer toutes les forces qu'ils ont sous la main et non chercher à les détruire. Ils doivent se servir de leurs hommes tels qu'ils sont. La modification des croyances d'un peuple présente trop de difficultés et exige trop de temps, pour qu'un chef politique ou militaire doive l'entreprendre. Son pouvoir est toujours de courte durée, il est l'homme de l'actualité, obligé de commander et de se faire obéir, d'avoir recours par conséquent à la force plutöt qu'à la persuasion, il ne doit se préoccuper des croyances populaires que pour les utiliser au profit de ses desseins.

C'est aux philosophes et aux prêtres qu'appartiennent la critique et la réformation des croyances populaires.

Il ne faut pas, du reste, trop insister sur les devoirs moraux et la conscience des chefs païens dont les idées religieuses auraient été en désaccord avec les croyances de leurs concitoyens. En politique, il semble y avoir une morale à part ; le mensonge, le vol et le meurtre y prennent les noms de diplomatie, confiscations, conquêtes, batailles et victoires, et paraissent perdre leur caractère criminel parce qu'ils sont commis par les peuples ou par leurs chefs.

J'espère qu'il n'en sera pas toujours ainsi, et je me hâte d'entrer dans la vie privée, où, heureusement, la morale conserve tous ses droits.

Je commence par examiner quelle devait être la conduite d'un père de famille, grec ou romain, ne croyant pas à Jupiter.

Les hommes qui ne se conforment pas aux lois et aux coutumes du pays où ils vivent, se mettant en état d'hostilité avec les pouvoirs publics et la grande majorité de leurs concitoyens, sont plus exposés que tous autres aux difficultés de la vie et aux persécutions. Le père de famille, dont le but est le bonheur de ses enfants, ne devait donc pas chercher, par un enseignement particulier, à en faire des citoyens exceptionnels. Son devoir était de leur faire donner l'instruction et l'éducation communes, en les envoyant tout simplement aux écoles publiques.

Si, arrivés à leur majorité, ils ne croyaient plus, comme leur père, à la véracité des doctrines religieuses qu'on leur avait enseignées, ils étaient libres, à leur tour et à leurs risques et périls, de décider comment ils devaient se conduire.

Quant à sa femme, si, lorsqu'il l'a épousée, elle avait la foi et la piété mythologiques, il devait respecter ses croyances religieuses, ne pas chercher à les détruire, de peur d'abord de ne pas réussir et ensuite de n'avoir rien de bien satisfaisant à lui donner en échange.

Il n'y avait aucun inconvénient à ce qu'elle suivît toutes les cérémonies religieuses faites publiquement et au grand jour, seulement il eût été prudent de la détourner, autant que possible, des initiations particulières, des mystères de Cybèle, de Bacchus et autres dieux. Les rapports directs et secrets entre un prêtre païen et une païenne ne pouvaient avoir que des inconvénients pour l'autorité et la sécurité maritales. La conduite des dieux et la chasteté de leurs prêtres ne m'auraient inspiré qu'une médiocre confiance. Le Gouvernement romain fut même obligé d'intervenir dans la célébration de certains mystères, pour en faire cesser les scandales et punir les coupables.

———

Reste à examiner quelle devra être la conduite d'un païen incrédule, considéré comme simple particulier tout à fait indépendant. Qu'est-ce que sa conscience lui prescrira de faire ? Devra-t-il combattre et chercher à détruire, par tous les moyens en son pouvoir, une religion de la fausseté de laquelle il est convaincu ?

Quand les chrétiens apparurent, ils n'hésitèrent pas, eux, à braver les faux-dieux et à renverser les idoles. Le païen était moins intolérant, il avait un temple où il admettait tous les dieux. Il ne devint persécuteur religieux que lorsque des étrangers voulurent, non seulement pratiquer un nouveau culte, mais renverser les dieux précédemment reconnus. La société païenne était obligée de se défendre. Les pouvoirs publics devaient maintenir l'ordre matériel.

Les chrétiens ne craignaient pas de porter le désordre dans la société antique ; ils ne s'en préoccupaient même pas. Ils agissaient en toute conscience, ils avaient leur foi pour guide et allaient volontairement au-devant du martyre.

Un citoyen romain ou grec, né avant le Christ et n'ayant aucune connaissance de la Bible, ne pouvait demander de conseils qu'à sa raison. Que fera-t-il ? Parce qu'il ne croit pas à Jupiter et à ses métamorphoses, il n'en croit pas moins à un Dieu auteur de toutes choses et à l'obligation de lui rendre hommage. Les prêtres païens accusaient il est vrai, d'impiété, d'athéisme, quiconque n'avait pas foi aux dieux qu'ils faisaient adorer ; mais le païen, dont je scrute la conduite et la conscience, croyait sincèrement en Dieu et estimait que tous les récits mythologiques lui prêtaient une conduite et des sentiments odieux et ridicules ; il en était scandalisé et non édifié. Il s'abstenait donc le plus possible de toutes les cérémonies religieuses, regrettant de ne pouvoir, sans hypocrisie, rendre publiquement à Dieu un culte que lui doit tout être humain vivant en société. Etait-ce couardise ? Devait-il agir plus hardiment et dire hautement que toutes ces histoires étaient fausses ?

Il en était bien tenté. Il était difficile, en effet, de ne pas se révolter contre la puissance et le fanatisme des prêtres païens. Nous ne connaissons pas tous les abus de pouvoir, tous les actes d'intolérance et de cruauté qu'ils ont commis, mais il suffit de se rappeler le sacrifice d'Iphigénie et la mort de Socrate, pour savoir combien les prêtres pouvaient abuser de leur pouvoir et de la crédulité des peuples. Comment, voilà un homme qui, par superstition ou animosité ose déclarer que, pour obtenir un vent favorable, il faut que le chef de l'expédition immole sa fille! Je sais bien que l'histoire religieuse prétend que, grâce à une intervention divine, la victime humaine a été remplacée par un animal, mais la puissance idiote et cruelle de ce prêtre n'en existait pas moins et se transmettait de l'âge héroïque à l'époque philosophique. Seulement, le couteau du sacrificateur était remplacé par la ciguë, et aucune intervention n'a empêché la mort de Socrate. Le peuple athénien, si intelligent et généralement peu cruel, a cru devoir, pour défendre ses dieux, tuer son plus grand philosophe.

A ces superstitions, que pouvait opposer mon théiste païen? Il lui semblait bien qu'on aurait pu concilier la religion et le bon sens, qu'il y avait dans l'existence de Dieu et dans la création de l'univers, assez de magnificences et de mystères, pour constituer un culte dans lequel l'homme pourrait, d'une façon raisonnable, manifester sa croyance en Dieu et sa soumission à ses lois. Mais, entouré de populations en pleine foi mythologique, il ne se sentait pas la force de détruire les erreurs de ses concitoyens et de faire toute une réforme religieuse.

Convaincu de son impuissance et considérant en outre que la religion faisait partie des lois constitutionnelles de son pays, il s'abstenait d'aborder avec le public toute controverse religieuse. Il se contentait d'en causer avec quelques bons amis incrédules comme lui.

Dans ces entretiens on s'en donnait à cœur joie, en toute liberté et sincérité. On parlait de tout, un peu à tort et à travers; Dieu, la matière. le mal, la prière, une autre vie, les prodiges étaient passés en revue.

Quand je serai seul et que le mauvais temps me chassera

de mon jardin, j'essaierai d'écrire ce que je pense sur ces divers sujets. Ce sera une distraction et le moyen de mettre un peu d'ordre et d'ensemble dans mes croyances, de fixer mon credo.

PREMIÈRE PARTIE

DÉISME ET MATÉRIALISME

On peut dire, sans exagération, que tous les peuples ont cru en une divinité et l'ont adorée. Je crois qu'ils ont eu raison.

Un être intellectuel, infini, créateur de tout ce qui existe me paraît incontestable. Est-ce que l'harmonie des lois qui régissent l'univers ne montre pas un maître suprême ? La croyance en Dieu devrait être considérée comme un axiome.

Mais puisque quelques savants, et des ignorants en plus grand nombre, prétendent que les mondes ne sont que le développement naturel de la matière existant de toute éternité, il faut bien examiner cette théorie d'athéisme et voir quelle en est la valeur.

Nous savons que, dans l'espace infini, il existe une quantité innombrable d'objets matériels et que ces objets ont entr'eux des similitudes qui nous ont permis d'en faire légitimement une grande classification appelée matière. Mais une matière, apte à toutes les transformations, mère de toutes choses, n'est encore, malgré les découvertes de la science moderne, qu'une hypothèse, et l'éternité de cette matière est également une hypothèse.

Examinons, en commençant par cette dernière, si cette double hypothèse a pour elle la vraisemblance ou si elle n'est pas au contraire inconciliable avec la raison et les faits.

Les questions d'infini et d'éternité sont redoutables ; cependant l'esprit humain, s'il est bien convaincu qu'il y a une barrière infranchissable entre lui et l'infini, peut jeter un coup d'œil sur cet abîme sans craindre le vertige.

Infini et éternel sont choses inséparables. Pour être éternel, il faut évidemment être infini. Comme je ne puis comprendre la matière, quelles que soient sa nature, sa forme, sa densité et son étendue, autrement qu'occupant une partie de l'espace infini, j'en conclus logiquement qu'elle ne peut être infinie et par conséquent éternelle. Pour exister, la matière a nécessairement une forme quelconque, par conséquent des limites. Elle ne peut donc être ni infinie, ni éternelle.

Les choses immatérielles, n'ayant ni densité, ni forme, ni limites, peuvent seules être infinies et de toute éternité. Je ne dis pas que tout ce qui est immatériel est infini et éternel, mais il me paraît évident que cela seul peut l'être.

Je n'ignore pas que la science moderne affirme

que les espaces célestes sont remplis par une matière impondérable appelée éther.

En admettant que cette matière scientifique ne soit pas une de ces hypothèses considérées comme vraies tant qu'on n'en trouve pas de meilleure pour expliquer les faits que nous ne comprenons pas, la science humaine n'en peut affirmer l'existence qu'entre les corps célestes. Or, si nombreux que soient ces corps, telles immenses que soient leurs distances, ce ne sont encore que des quantités et non l'infini, et puis cet éther pourrait n'être qu'un produit ou une qualité des corps lumineux et ne datant par conséquent que de la création de ces corps. Son existence ne prouverait donc pas son éternité.

La matière a des qualités dont le caractère matériel échappe à nos sens. Quelques philosophes prétendent même que la matière peut être intelligente et organisatrice d'elle-même. Mais comme les qualités de la matière ne peuvent exister qu'à la condition que la matière existera déjà, leur caractère et leur puissance ne peuvent avoir aucune influence logique sur notre question d'éternité ou de création de la matière.

———

Je crois avoir démontré que la matière ne peut être ni infinie ni de toute éternité ; elle a donc été créée par une puissance immatérielle.

La création de la matière par un pouvoir spirituel ne doit pas trop surprendre l'esprit humain, puisque, par un désir ou une volonté, nous mettons notre matière en mouvement. La mise en mouvement de la matière par quelque chose d'immatériel est aussi merveilleuse que sa création, elle n'est pas plus explicable et ne peut cependant être niée. Nous pouvons tous, en faisant simplement usage de notre corps, constater que l'esprit peut commander à la matière.

Ce phénomène est, il est vrai, contesté et même supprimé par quelques philosophes qui croient pouvoir fondre tous les faits intellectuels dans un matérialisme imaginaire. Mais, si intimes que soient les rapports existant entre le physique et le moral, il n'y a pas entr'eux de confusion possible. Les idées, les sentiments, les droits, les devoirs sont aussi réels que la forme, la substance et le mécanisme des choses matérielles. Lorsque nous faisons agir notre corps, il y a deux phéno-mènes bien distincts, l'acte et la volonté. Le monde intellectuel est aussi vrai que le monde matériel.

Si incompréhensibles que soient pour nous le

mouvement et la création de la matière par une puissance intellectuelle, ce sont cependant des faits, selon moi, incontestables. La mise en mouvement de la matière est constatée par des faits visibles, et la création de la matière par une puissance immatérielle est une déduction rigoureuse de l'impossibilité, pour la matière, d'être infinie et de toute éternité.

———

Quelques hommes, dont je ne puis contester, ni la sincérité, ni la valeur intellectuelle, déclarent, il est vrai, comprendre la possibilité, pour la matière, d'être infinie et éternelle, mais comme je ne puis trouver mes convictions dans le cerveau de mes voisins, si intelligents qu'ils soient, c'est ma raison que je dois interroger et elle me répond, sans hésitation, que matière et infini sont choses contradictoires, et que la conception de l'éternité de la matière est irrationnelle.

Il est difficile d'admettre, je l'avoue, que la matière une fois créée puisse disparaître, car si nous la voyons se transformant continuellement, nous savons qu'aucune de ses parcelles n'est anéantie. Cependant les matérialistes auraient tort de penser rendre rationnelle leur croyance à l'existence de la matière de toute éternité, en opposant cette indestructibilité à la toute puissance divine.

Dieu qui, en donnant à l'homme l'intelligence et la volonté, a sû lui créer, dans sa conscience, un domaine de liberté, a pu vouloir au contraire imposer à la matière inconsciente des lois fatales et irrévocables. L'indestructibilité de la matière ne serait donc pas inconciliable avec la toute puissance divine. Faire tout ce que l'on veut est certainement le summum de la puissance.

J'ignore ce que deviendra la matière, mais je reste convaincu, m'en rapportant à ma raison, que la matière est d'une nature telle qu'elle a eu nécessairement un commencement, qu'elle ne peut exister de toute éternité.

En admettant que je sois dans l'erreur et que la matière puisse être et soit infinie et de toute éternité, il resterait encore aux matérialistes, pour éliminer Dieu, à prouver que la matière, par ses propres forces, sans l'intervention d'aucune puissance intellectuelle, a produit tous les êtres existants aujourd'hui. C'est cette question de fait que je vais maintenant examiner.

Les partisans de la création de notre monde par le seul développement de la matière, prétendent ne s'appuyer que sur des faits positifs et n'admettent que ce qui est scientifiquemeut démontré. Cependant leur système n'est, selon moi, complet qu'à l'aide de beaucoup d'imagination.

La matière, quelle que soit son origine, a évidemment, depuis qu'elle existe, subi d'importantes et nombreuses modifications. Les révolutions de notre globe en sont une preuve incontestable. Toutes ces transformations se sont-elles accomplies sans aucune intervention immatérielle ? Je ne le crois pas.

Je ne nie pas la matérialité des faits merveilleux constatés par la science géologique et la paléontologie, ce que je conteste ce sont les conséquences que quelques savants en ont tirées, pour faire une genèse exclusivement matérialiste.

Parce que des générations diverses se sont succédées, ce n'est pas une raison pour qu'elles se soient engendrées, la deuxième de la première, la troisième de la deuxième, la quatrième de la troisième. Parce que des êtres ont quelques ressemblances, ce n'est pas un motif suffisant pour les déclarer de la même famille, issus d'un auteur commun. Les modifications climatériques, suivant la nature et les besoins des générations successives, ne prouvent pas qu'elles soient les forces créatrices, les causes premières de ces générations, elles indiquent plutôt un plan général et intelligent.

———

La science moderne a démontré que notre planète a été dans un tel état d'incandescence que la vie, soit végétale, soit animale y était impossible; puisqu'elle n'y était pas, comment a-t-elle pu en sortir? Prétendre que les matériaux primitifs, par des combinaisons dont il est impossible de préciser ni les proportions, ni les conditions, aient produit cette vie, n'est évidemment qu'une hypothèse, et cette hypothèse est contredite par les faits.

Si les plantes et les animaux de notre monde n'étaient que les produits de la matière, ce ne pourrait être que par des transformations successives dont les créations premières auraient été ou des êtres au début de leur vie, ou des germes les renfermant. Voyons si cela peut se concilier avec la réalité.

Soit un papillon, il est le produit d'une chrysalide, la chrysalide provient d'une chenille et la chenille d'un œuf. Jusque-là, cela semble aller tout seul, mais cet œuf ne produit de chenille que s'il a été fécondé par l'accouplement antérieur de papillons mâles et femelles.

Les papillons sont donc antérieurs aux chenilles.

D'où viennent ces premiers papillons ?

Si des œufs primitifs ont été produits par une opération purement matérielle, pourquoi ces œufs produisent-ils toujours la même chenille ? Pourquoi pas une autre chenille ou même un autre animal ? Il y a là déjà une grave objection, et si nous arrivons aux êtres supérieurs comme les oiseaux et les mammifères, il se présente un bien autre embarras. Si, sortant des germes qui les renfermaient, ils arrivaient à la vie, ils ne pourraient la conserver qu'à l'aide de pères et mères existant antérieurement.

D'où sont-ils sortis ceux-là ?

Que des œufs, que des petits se développent, en vertu des forces matérielles de leur propre nature, cela peut se concevoir, mais que des êtres arrivent à l'existence entièrement développés, dans leur majorité, ce phénomène ne peut s'expliquer d'une façon simplement mécanique. L'intervention directe d'une puissance volontaire est indispensable.

Je le répète, l'œuf n'est pas antérieur au papillon et à l'oiseau, et si les petits mammifères pouvaient commencer à vivre, ils mourraient, faute des soins et de la nourriture que les parents peuvent seuls leur donner.

Quand même les oiseaux et les mammifères actuels seraient, par suite de transformations et d'améliorations, les résultats de créatures antérieures plus informes, les découvertes des savants ne feront jamais que les premiers petits oiseaux et les premiers petits mammifères n'aient été précédés de leurs pères et de leurs mères.

Du reste, quelque soit l'ordre dans lequel les êtres mâles et les êtres femelles ont été formés, leur existence seule prouve une intervention créatrice intentionnelle, car il serait impossible de comprendre par quelle entente non intelligente des êtres se seraient créés et développés séparément pour arriver, par une réunion future, à la reproduction de leur espèce.

S'il n'y avait eu qu'un simple développement de la matière, que des créations individuelles, la vie, il me semble, aurait été sans sexe ou hermaphrodite.

Si la matière avait, en elle-même la puissance de créer, un autre mode de création, la fécondation serait inutile.

Si la matière avait la puissance créatrice et si les premiers êtres créés étaient les producteurs, par

transformation, d'êtres postérieurs plus perfection-
nés se transformant eux-mêmes en d'autres êtres
encore supérieurs, et ainsi de suite, toute la nature
serait dans un état continu de création. Si, histori-
quement il est constaté que des espèces ont disparu,
il n'a jamais été parlé d'espèces nouvelles et la
matière n'a jamais été surprise en travail d'enfantement par transformation.

———

La création a pourvu à la conservation des
espèces et des familles avec une sollicitude et une
profusion de germes qui seraient bien superflues, si
la matière avait en elle-même une puissance
continue d'enfantement.

———

Par ces diverses considérations je ne crois pas
à une genèse matérielle, je crois à des créations
divines et intentionnelles. Comme la Bible, je pense
que notre monde organique a été créé majeur, dans
toute la plénitude de son développement physique.

———

Supposons que je sois dans l'erreur et qu'il soit,

dès à présent ou plus tard, scientifiquement démontré que les plantes et les animaux actuels sont les
produits naturels de transformations successives,
que l'homme n'est qu'un singe amélioré, que le singe
provient d'un être inférieur et qu'en remontant
toujours on arrive enfin, sans lacune, sans aucune
intervention, à un germe auteur de toute la série, ce
germe, se développant méthodiquement et produisant le monde actuel, serait encore la chose la plus
merveilleuse et la plus intelligente que l'on puisse
imaginer. Elle ne pourrait être attribuée à une
combinaison simplement matérielle, mécanique ou
chimique. Même dans ce système, Dieu est indispensable. Il est évident qu'un germe, renfermant
des êtres divers destinés à naître successivement,
ne pourrait avoir été conçu qu'intentionnellement
et aurait été par conséquent créé par une force
intellectuelle.

Quelle que soit donc notre opinion sur le mode
de développement de la matière, l'existence de Dieu
reste incontestable.

Que nous ne comprenions pas cette puissance
divine, que le mystère de la création soit impéné-
trable pour l'esprit humain, que les choses produites
ne soient pas à notre gré, que nous y trouvions
à blâmer, que nous croyions même avoir le droit

de nous en plaindre, qu'importe, nous sommes en définitive, obligés de reconnaître qu'elles sont arrangées avec intelligence, c'est donc bien une intelligence qui a présidé à leur création. Nous ignorons pourquoi et comment elle a créé, mais nous ne pouvons méconnaître son existence et sa puissance.

Quand, dans notre sol, nous découvrons des morceaux de pierre taillés, si grossière qu'en soit la forme, nous y voyons la main de l'homme, des œuvres qui ne peuvent avoir été faites que par le plus intelligent des animaux, et lorsque nous étudions les merveilles de l'organisme végétal ou animal, le mécanisme d'un œil, par exemple, nous aurions l'audace ou l'aveuglement de nier l'intervention d'une puissance intellectuelle !

Comme tous les peuples, inclinons-nous devant Dieu. Il est, et nous avons besoin de lui pour nous guider et nous soutenir dans la vie.

Une chose incompréhensible, c'est que la théorie matérialiste soit affichée surtout par les groupes politiques ou socialistes qui, en ce moment, revendiquent avec le plus d'ardeur les droits de l'humanité. C'est au contraire, en invoquant l'Etre suprême que nos pères, mieux inspirés, ont proclamé les droits de l'homme. Car, s'il n'y a pas de Dieu pour base morale, il n'y a ni droits ni devoirs. La force brutale serait seule maîtresse de l'univers.

———

MORALE SANS DIEU

L'homme trouve, il est vrai, en lui-même, dans sa conscience, la notion du bien et du mal et le sentiment du devoir, à l'aide desquels il peut se tracer des règles de morale et faire des lois qui donnent à l'humanité la possibilité de constituer des sociétés et de vivre dans sa forme normale de civilisation.

Mais comme il est impossible qu'un esprit sérieux puisse comprendre et prétendre que la matière ait pu produire des principes de moralité et de justice, il faut nécessairement, ou nier ces principes, ou reconnaître qu'ils émanent d'une puissance spirituelle. Il ne peut donc y avoir de morale sans Dieu, non-seulement parce que nous avons évidemment des devoirs envers lui, mais parce que, sans lui, la morale n'a pas d'origine compréhensible.

S'il n'y a pas de Dieu, si l'homme est né entièrement d'une force matérielle, qui pourra le contraindre d'obéir au sentiment du devoir, plutôt qu'à ses intérêts ou à ses plaisirs? Si la loi du devoir n'est pas imposée par une puissance à laquelle nous nous sentons obligés d'obéir, soit par amour, soit par reconnaissance, soit par crainte, soit par soumission, si cette loi ne peut avoir aucune sanction, elle n'offre aucune garantie ; elle n'existe pas.

Je ne prétends pas que logiquement, il soit indispensable, pour se soumettre aux lois morales, de croire à des peines et à des récompenses dans une vie future, puisque la perfection morale consiste à faire le bien pour le bien, sans crainte ni calcul.

Cependant cette morale me paraît bien austère et trop sublime pour l'humanité, je crois que l'espérance et la crainte d'une autre vie ne lui sont pas inutiles, et rationnellement je pense, ainsi que je vais l'expliquer tout à l'heure, que la croyance en une autre vie est une conséquence logique de la croyance en Dieu, que ces deux croyances sont unies par un lien indissoluble.

Quelle que soit notre opinion sur l'existence d'une vie future, il me paraît, dès à présent, incontestable qu'il ne peut y avoir de morale sans Dieu. N'être obligé qu'envers soi-même est un lien bien fragile. Une morale sans Dieu serait une morale *ad libitum* trop complaisante.

Ce n'est pas au moment où, suivant la marche naturelle de l'humanité, l'instruction se répand dans toutes les classes de la société, qu'il est opportun d'en éliminer Dieu. Plus que jamais et partout il faut affirmer et défendre notre croyance en lui.

Sans cette croyance, il n'y a plus de morale, plus de droit, plus de lois, plus de société, on arrive logiquement au nihilisme, à la destruction du monde civilisé. Mais l'humanité, qui tient à la vie sociale, protestera toujours contre l'athéisme et cette maxime barbare, sa conséquence fatale : la force prime le droit.

Déistes ou matérialistes nous devons tous reconnaître en fait, que le développement naturel de l'humanité consiste à atteindre par l'association, le plus haut degré possible de civilisation.

Si les matérialistes croient pouvoir, par des lois pénales, défendre suffisamment la société et la civilisation, ils s'illusionnent. En admettant que ces lois ne soient pas enfreintes par les athées, toutes les fois que, se croyant les plus forts ou espérant échapper au châtiment, ils auront intérêt à les violer; il ne faut pas oublier que l'équité, la charité, la morale sont des forces indispensables au maintien et au développement de la civilisation et qu'elles ne peuvent être imposées par une contrainte matérielle, par aucun législateur humain, Dieu seul peut créer le devoir.

LE MAL ET UNE AUTRE VIE

Si, de temps en temps, l'homme peut ressentir sur la terre de grandes jouissances morales et physiques, en général son sort y est bien misérable et digne de pitié.

Outre les difficultés et les souffrances qu'il lui faut vaincre et endurer pour gagner sa vie, il a, seul de tous les animaux la connaissance de sa fin, il sait que, sauf de très rares exceptions, il n'y arrivera qu'en passant par les infirmités de la vieillesse, la maladie et les douleurs de l'agonie. Il se trouve même quelquefois assez malheureux pour avoir recours au suicide. J'ai entendu de douces créatures, dans les souffrances de longues et cruelles maladies, s'écrier : « O mon Dieu, que puis-je vous avoir fait pour que vous me fassiez souffrir ainsi ! »

Aussi je comprends, sans l'approuver cependant, qu'un sage et grand roi, qui certes ne pouvait se plaindre du lot de bien-être qui lui était départi, Salomon ait pu dire : « Il vaut mieux être mort que vivant, il vaut encore mieux n'être pas né. »

Son proverbe morose ne l'a pas empêché d'élever un temple au Seigneur. Si mauvaise que quelquefois nous paraisse la vie humaine, nous sommes toujours obligés de reconnaître qu'elle nous a été donnée par un être intelligent.

Mais pourquoi cet être intelligent nous a-t-il créés, sachant que nous étions destinés à la souffrance ?

Il est certain que nous épargnerions à nos enfants tous les maux dont ils sont affligés, si cela était en notre pouvoir. Cependant, quoique connaissant les douleurs auxquelles nos enfants seront exposés, nous n'en continuons pas moins à leur transmettre la vie que nous avons reçue, et nous imposons aux êtres que nous chérissons le plus, à nos femmes, les souffrances de l'enfantement. Aucun reproche ne peut nous être adressé : nous suivons la loi de notre nature.

Je crois avoir démontré, dans mon chapitre du déisme et du matérialisme, l'existence d'une puissance intellectuelle ayant tout créé. Comme il serait impossible de comprendre cette toute-puissance ne produisant rien, il me paraît évident, en fait et en raison, que la loi de Dieu est de créer.

Reste toujours le problème : pourquoi a-t-il créé des êtres voués à la souffrance ?

Cette question qui, malgré nous, se présente sans cesse à notre esprit, est humainement insoluble, nous sommes obligés d'avouer notre impuissance.

Nous savons seulement que l'être parfait créant

ne peut créer que l'imparfait, sans cela il ne sortirait pas de lui-même et il est certain que l'Etre Parfait peut seul être sans douleur.

C'est la seule explication du mal que nous puissions nous donner et elle ne peut satisfaire complètement notre esprit. Notre intelligence ne pourra jamais concilier le mal avec la puissance et la bonté infinies que nous attribuons à Dieu. Pour nous, dont la bonté est loin d'être parfaite, la seule vue de la douleur d'autrui est un supplice cruel et, si nous en avions le pouvoir, nous affranchirions de toute souffrance les êtres que nous verrions torturés par des douleurs morales ou physiques.

L'impossibilité d'expliquer le mal n'est pas une raison suffisante pour nier l'existence de Dieu. Les hommes qui méconnaissent Dieu à cause des souffrances terrestres ressemblent à des enfants ou à des sauvages qui, témoins d'un grave accident de chemin de fer, croiraient que nos locomotives sont l'œuvre d'une force inintelligente et malfaisante.

Ne pouvant concilier le mal avec la toute-puissance, l'intelligence et la bonté que nous attribuons à Dieu, n'en concluons que ceci : « Si, êtres finis, nous avons pu arriver jusqu'à lui, il nous est impossible de le comprendre et nous ne pouvons que mal raisonner en concevant et cherchant à concilier des qualités diverses en Dieu, l'unité absolue ».

Beaucoup de religions ont voulu expliquer le

mal par l'intervention d'une puissance mauvaise, ou la culpabilité de l'homme. Elles ont voulu en décharger les dieux qu'elles adoraient. Leurs explications peuvent émaner d'un bon sentiment, mais elles ne prouvent pas une grande rectitude intellectuelle. Dieu n'est pas ou a tout créé, bien et mal.

Il est juste de le remarquer d'abord, le mal est toujours circonscrit dans de certaines limites. Les perturbations de la nature n'arrivent jamais à détruire l'ensemble qui continue à suivre des lois invariables. Il est certain aussi que l'homme pourrait éviter beaucoup de maux par une conduite meilleure. Mais il y a des douleurs imméritées inhérentes à la nature humaine.

Les misères humaines et leur distribution individuelle, faite sur la terre d'une façon nullement équitable, sont précisément, selon moi, la seule preuve rationnelle d'une existence future. Si la répartition des souffrances était exactement proportionnelle à la culpabilité de chacun, il y aurait une sanction de la loi morale du bien et du mal et partant aucune nécessité logique d'une autre vie.

Quelques philosophes prétendent, il est vrai, que nous avons en nous une âme d'une essence immortelle, mais comme je n'ai jamais senti cette âme et que je n'en ai pas réellement conscience, je ne puis invoquer cette sublime hypothèse. Du reste, cette âme ne serait pas ma personnalité et c'est la survie du moi humain qu'il nous importe de connaître et de démontrer.

Quoique n'admettant pas l'éternité d'une âme humaine, je crois cependant à une vie future, sans prétendre en connaître ni la forme, ni la durée. Je pense qu'elle se déduit logiquement de la croyance en Dieu et de la responsabilité morale de l'homme.

Si la création de l'homme était le résultat d'une combinaison matérielle, l'homme n'aurait aucun motif pour suivre d'autres guides que son intérêt personnel ou son caprice, mais si nous reconnaissons qu'un être supérieur a mis volontairement en nous l'idée du juste et de l'injuste, du mérite et du démérite, et une conscience pour nous avertir de ce qui est bon et de ce qui est mauvais, nous nous sentons obligés de nous soumettre aux lois morales de notre nature et Dieu ne peut voir avec indifférence la violation des lois qu'il a créées.

Nos actions ne peuvent nullement entraver les vues de Dieu et ont une bien petite importance, mais si aux yeux de Dieu tout est infiniment petit, rien de ce qu'il a créé ne peut lui être indifférent.

Comme sur la terre il y a des actes coupables impunis et des dévouements sans récompense, il en résulte, selon moi, la nécessité d'une autre vie. Je crois donc à une vie future, tout en reconnaissant qu'elle est mystérieuse et contraire aux apparences matérielles.

L'homme est un être matériel et intelligent. La réunion de ses forces physiques et morales constitue son individualité. La décomposition, par la mort, de cette union paraît bien être l'anéantissement de la personnalité humaine. Cependant il faut remarquer que cette personnalité n'est point une unité parfaitement homogène, elle est au contraire une transformation continue. Le vieillard est tout autre que le même être enfant, ils ne se ressemblent nullement, c'est bien pourtant la même personne dans son développement naturel. Il y a même des interruptions dans la conscience du moi par l'oubli, la maladie et le sommeil.

Il n'est donc pas contraire à la raison de croire qu'après la mort, un être, ayant conscience d'une vie humaine antérieure, soit la continuation de notre personnalité. Je fais du reste bon marché de cette supposition, car si Dieu a voulu, comme j'en suis convaincu, une sanction individuelle à la loi morale inscrite par lui dans le cerveau de chacun de nous, il a sû en trouver la forme sans en révéler le mystère à personne. Les nombreuses descriptions de paradis et d'enfers sont évidemment du domaine de l'imagination ; elles prouvent seulement que tous les peuples, sous des formes diverses, ont cru à la prolongation de la vie humaine.

Après avoir entrevu Dieu, l'infini, retomber dans le néant, ne jamais revoir ceux que nous avons aimés et qui nous ont aimés, révolte notre raison et notre cœur. Ce serait à supposer, s'il en était ainsi, que nous serions le produit d'une force brutale. Mais, comme cette supposition est inconciliable avec notre organisation si merveilleusement intelligente, l'humanité a raison de croire en une vie future.

Quand même cette croyance serait le résultat, autant d'un sentiment que d'une déduction rigoureusement rationnelle, une espérance et non une certitude, la possibilité et la probabilité incontestables d'une autre vie suffisent pour donner, sur cette terre, des consolations et du courage aux malheureux et de la crainte aux méchants. La certitude mathématique d'une autre vie n'est donc pas indispensable, elle aurait peut-être même l'inconvénient, par une préoccupation trop forte et trop continue, de nous faire négliger les devoirs de la vie terrestre et de la civilisation humaine.

———

Notre espérance en une vie future est inévitablement accompagnée d'inquiétudes sur le sort qui nous y sera réservé ; car, loin de faire toujours ce que nous croyons juste, nous faisons souvent ce que nous savons être mauvais, et nous ne pourrons pas nous présenter devant Dieu avec une absolution humaine. Le privilège attribué à des hommes de remettre les péchés repose sur une croyance enfantine et ne peut donner qu'une sécurité trompeuse.

Sans prétendre enlever aux coupables tout espoir de pardon et au repentir toute valeur, je pense que, si les actes de l'homme peuvent se compenser, ils ne peuvent être effacés. L'idée d'une balance avec laquelle Dieu, pesant les bonnes et les mauvaises actions des hommes, déterminera leur valeur morale et leur sort, est la seule vraie, la seule juste.

La possibilité de pouvoir faire effacer ses fautes ne peut être qu'un encouragement à en commettre de nouvelles. C'est un amoindrissement de la responsabilité et de la valeur morale de l'homme.

Quand nous avons commis une faute grave, notre conscience ne nous la pardonne jamais et elle a raison. A Dieu seul appartient d'accorder le pardon aux violateurs des lois faites par lui. C'est en son indulgence seule que nous pouvons espérer.

Nous devons donc nous accoutumer à ne pas agir à la légère, à bien apprécier l'importance, la moralité et les conséquences de tous nos actes, et n'admettre jamais que la mort soit une solution définitive de la vie, nous affranchissant de la responsabilité de nos actions.

DU CULTE ET DE LA PRIÈRE

La croyance en Dieu a évidemment pour conséquence l'obligation de lui rendre hommage, d'avoir un culte. Cette croyance ne doit pas rester à l'état d'abstraction stérile. Il faut s'en servir, la faire présider à tous les actes importants de notre vie.

Comme, dans l'entraînement des affaires et des plaisirs, nous sommes souvent exposés à laisser en oubli l'idée de Dieu, il est bon de chercher à nous la rappeler par l'usage fréquent et l'habitude de certaines pratiques religieuses.

Presque toutes les formes religieuses sont arbitraires. Elles varient sans inconvénient, suivant les temps et les lieux. Il en est une cependant commune à tous les cultes et souvent critiquée : la prière.

Je crois donc utile d'examiner ce qu'elle a de vrai et quelle en est la valeur.

Il n'y a peut-être pas de père, si incrédule qu'il soit qui, ayant un enfant dont la vie est en danger, ne se soit écrié : Seigneur ayez pitié ! Le *Kyrie eleison* est humain, mais a-t-il de l'efficacité ?

Demander à Dieu de la pluie ou du beau temps ou autres choses semblables dont la marche régulière ou irrégulière suit des lois faites par Dieu lui-même, c'est lui supposer un rôle contradictoire et exiger de lui une occupation ridicule. Si un chrétien inintelligent, après avoir récité avec ferveur, son *Pater*, se croise tranquillement les bras, attendant chaque matin le pain de la journée, il n'aura fait qu'un acte de superstition. Mais si cette prière nous rappelle la soumission due à Dieu, l'accomplissement de nos devoirs et la loi du travail, et si nous nous hâtons de nous mettre à l'œuvre, nous aurons fait une prière bonne et utile. Solliciter une chose oblige à faire, de son côté, tout ce qui est possible pour l'obtenir. Aide-toi, le ciel t'aidera, n'est pas une plaisanterie sceptique, c'est un principe vrai et pratique.

Si nous demandons à Dieu la force de remplir notre devoir et de supporter courageusement nos afflictions, nous serons toujours exaucés, sinon en totalité, au moins en très grande partie. Vous pourrez peut-être dire que l'efficacité de cette prière tient à la volonté de l'homme et non à une intervention de Dieu. Vous aurez raison, à la condition de ne pas oublier que l'énergie nécessaire de la volonté humaine s'est puisée dans l'idée de Dieu. Par conséquent votre appel à Dieu a été utile.

Il est des espérances et des inquiétudes, des joies et des douleurs que nous sommes obligés de ne faire connaître à personne, et comme nous avons un besoin impérieux d'épanchements et de consolations, nous éprouverions une souffrance intolérable, si nous n'avions pas la ressource de nous adresser et de nous confier à Dieu. Par la prière, nous pouvons nous soustraire au supplice de l'isolement absolu et aux dangers des confidences humaines.

La prière a encore l'avantage de nous accoutumer à circonscrire nos désirs dans les limites du juste et du possible et à n'en rechercher la réalisation que par des moyens légitimes. A moins de n'avoir aucun bon sens, on ne peut, en invoquant Dieu, ne souhaiter que des choses équitables et raisonnables.

Il ne faut donc pas exclure la prière des pratiques religieuses, il faut seulement la faire d'une façon intelligente. Si vous vous apercevez que vous demandez une chose rationnellement impossible, hâtez-vous de transformer votre prière en un simple acte de soumission à la volonté de Dieu. Reconnaître que l'on souffre par la volonté de celui qui nous a créés et que l'on concourt à l'accomplissement de ses desseins, nous oblige à la résignation et nous donne des espérances en la miséricorde divine dont nous avons tous besoin.

Voltaire, avec sa désinvolture spirituelle de gentilhomme, a dit : « Prions avec le peuple et résignons-nous avec les sages ». Aujourd'hui nous sommes tous peuple. Si nous voulons être sages, sachons tous, sans aucune distinction, prier et nous résigner.

La liberté de conscience est un principe moderne, vrai, et qui me paraît définitivement acquis. Il ne permettra plus, je l'espère, d'imposer un culte aux populations, mais il est conciliable avec les cérémonies religieuses faites librement. Les manifestations d'une opinion religieuse ou laïque sont l'exercice et non la violation de la liberté de conscience, si personne n'est forcé d'y participer. Il peut y avoir lieu, suivant les circonstances, dans l'intérêt de l'ordre, à une intervention de police, mais il n'y a pas de contradiction de principes entre un culte extérieur et la liberté de conscience.

La liberté de conscience renferme nécessairement le droit de ne croire à rien, et cependant, ce n'était pas pour arriver à ce résultat négatif que de sanglantes luttes ont été entreprises, car ces luttes étaient bien des combats de croyants et de martyrs.

Si les athées et les indifférents, sans avoir été à la peine, peuvent prendre une part de la conquête, il ne faut pas qu'ils fassent la loi à tout le monde et croient avoir le monopole de la liberté de penser. La pensée des catholiques allant à la messe, sans y être contraints, est aussi libre que celle des hommes ne se croyant pas obligés d'y aller. Sanctifier, dans les églises, le repos du dimanche vaut mieux que fêter le lundi dans les cabarets. Les hommes qui jeûnent volontairement ne sont pas plus déraisonnables que ceux qui font bombance et affectent de manger de la viande le Vendredi-Saint.

Il ne faut pas remplacer l'intolérance cléricale et aristocratique par une intolérance laïque et démocratique. Respectons toutes les croyances sincères qui n'ont pas la prétention de s'imposer par la violence, la persécution ou l'intimidation.

————

Il y a en France un parti, heureusement peu nombreux, où l'idée de Dieu est complètement bannie et qui, en même temps, a la prétention de diriger la société et d'améliorer le sort humain. C'est de la démence ou de la mauvaise foi. Les peuples n'ont pas seulement besoin de pain et de droits politiques, ils ont aussi besoin de poésie et de religion.

Que des savants spécialistes, étudiant la matière, se laissent absorber par leur sujet et ne voient rien en dehors de la matière ou que d'autres savants, pour n'être pas troublés dans leurs recherches, fassent abstraction de l'idée de Dieu, cela peut se concevoir et se concilier avec une entière bonne foi. Leurs travaux scientifiques sur la nature, les transformations et les lois de la matière ne peuvent qu'amener des découvertes utiles à l'humanité, mais que des hommes qui aspirent à conduire et améliorer la Société, osent rayer Dieu de leur programme, c'est évidemment absurde.

La nation française n'ayant plus de religion d'Etat et renfermant des cultes divers, est obligée, il est vrai, d'exclure de ses écoles publiques l'enseignement et la pratique de tout culte particulier. Cette séparation des religions et de l'instruction m'a du reste toujours paru très juste. Ces puissances sociales ne procèdent pas de la même manière, les premières invoquent la foi, les miracles, les révélations, l'autre ne veut avoir recours qu'à l'expérience et au raisonnement. Cependant cette distinction entre l'église et l'école n'enlève pas à l'Etat le droit et le devoir d'enseigner, dans ses écoles publiques, l'existence de Dieu, l'hommage qui lui est dû et l'espérance en une autre vie. Ce sont des idées du domaine commun, n'appartenant exclusivement à aucune secte particulière.

En enseignant la morale qu'aucun parti n'osera exclure de l'école, le maître est amené nécessairement à enseigner Dieu et nos devoirs envers lui. Il n'y a évidemment, ainsi que je l'ai déjà dit, de préceptes moraux obligatoires que si l'on prouve qu'ils émanent d'une autorité supérieure à laquelle nous sommes obligés d'obéir. Il ne peut donc y avoir, ni école, ni morale sans Dieu.

Faites des citoyens croyant fermement à Dieu et en l'obligation de lui rendre hommage, laissant franchement aux familles le droit et le soin de choisir la forme de leur culte.

Si les cultes existants ne les satisfont pas, elles seront obligées de chercher une forme nouvelle et elles parviendront certainement à la trouver. Ce sera encore, il est vrai, une transformation à opérer, par conséquent des troubles et des luttes. Il n'y a pas lieu de s'en étonner, cela est inévitable. Dieu seul, ayant pour domaine l'infini et pour âge l'éternité, peut être immuable, mais l'humanité est dans un état continu de transformations et toute institution humaine se meut en sa fin.

Le temps n'a pas besoin de l'aide de l'homme pour tout détruire. Nous ne sommes pas obligés, dans notre marche progressive, de nous tourmenter sans cesse pour renverser tout ce que nous croyons mauvais. Nous devons user et jouir du présent en l'améliorant le plus possible et en créant toujours.

Pourtant si un édifice menace ruine et ne peut être consolidé, il est prudent de l'abattre en prenant de sages précautions, de peur que, tombant tout à coup, il n'écrase le passant inoffensif et les téméraires ou les aveugles qui persisteraient à y chercher un abri. Mais si la société française détruisait tous les anciens cultes avant d'en avoir trouvé un nouveau, et si elle pouvait en arriver à perdre toute croyance religieuse, elle terminerait mal et très promptement.

Une nation sans Dieu est une découverte qui n'a pas encore été faite, c'est une invention de cerveaux malades. Que quelques athées, par des circonstances exceptionnelles et des inconséquences heureuses, échappent à l'inconduite et au suicide, on ne peut le nier ; que des hommes, dans des conditions aristocratiques d'éducation et de fortune, doués de bons instincts, se conduisent convenablement et participent à toutes les œuvres de courage et de bienfaisance, sans s'astreindre à des pratiques religieuses, je le concède ; mais la généralité humaine, soumise à tous les travaux et à toutes les misères de la vie, a besoin d'être soutenue et dirigée par des règles plus précises et plus obligatoires que les convenances de classes privilégiées.

Pour l'union utile et durable des citoyens d'un grand peuple, il faut le lien puissant de la croyance en Dieu mise en pratique, la religion. C'est une force dont il serait déraisonnable de méconnaître la nécessité, c'est un mode essentiel et caractéristique de la nature humaine.

Que l'homme, aimant son pays, soit bien convaincu que la suppression de tout culte serait la décadence et non le progrès.

SECONDE PARTIE

DU JUDAISME ET DU CHRISTIANISME

La conception d'un Dieu unique, d'un esprit infini, créateur de tout, n'a pas été étrangère à quelques philosophes païens; mais le peuple hébreu, seul parmi les nations anciennes, en a fait la base de sa religion et de son culte. Le christianisme, par son mystère de la Trinité, n'a fait qu'obscurcir l'unité immatérielle de Dieu, cette grande vérité philosophique et religieuse. C'est donc bien au judaïsme que, sous ce rapport, nous devons rendre hommage.

Mais en plaçant dans son paradis terrestre le premier homme, l'en chassant parce qu'il a voulu savoir, et lui imposant le travail comme une punition, la Genèse biblique a, selon moi, commis trois grandes erreurs :

1° — L'homme primitif, au lieu de trouver, à son arrivée sur la terre, un bonheur parfait, y a été immédiatement aux prises avec les difficultés, les dangers et les misères de l'état sauvage.

2º — Doué d'intelligence, il était destiné à s'en servir. Toujours apprendre est son droit et son devoir. Seule, une caste sacerdotale, intéressée à maintenir son autorité sur des masses populaires, a pu faire un crime à l'homme d'avoir goûté à la science du bien et du mal.

3º — Le travail est une nécessité et un devoir inhérents à la nature humaine. La vue du travail fait par des esclaves peut seule avoir inspiré l'idée d'un châtiment. L'homme libre, en travaillant, obéit à sa véritable loi.

Les principes de la Genèse sont donc en contradiction avec les idées des sociétés contemporaines. Avec raison, nous tenons en grand honneur la science et le travail.

Voyons si les préceptes moraux du Nouveau Testament sont plus en harmonie avec notre civilisation.

Les sentiments de charité et d'hospitalité n'ont pas été inconnus aux peuples anciens; mais, en général, la société antique est dure aux faibles. La vertu elle-même y a un caractère farouche, elle y apparaît, sous les traits de Caton et des Brutus, un glaive à la main, dans le suicide et le meurtre.

Le christianisme, au contraire, est humble et doux aux malheureux. Il 'a sanctifié la misère et prêché l'amour de l'humanité sous les formes les plus sublimes. Il n'est pas possible de ne pas aimer cette figure douce et résignée du Christ ; sous son influence, les sociétés modernes sont devenues plus compatissantes et bienfaisantes.

Si, dans les nations chrétiennes, ce qu'il y a de féroce dans la bête humaine se fait jour de temps en temps, on ne peut nier cependant que, dans l'ensemble, les mœurs ne se soient adoucies.

On ne verrait plus, je le crois, de César conserver en prison, pendant des années, son adversaire vaincu, pour l'enchaîner à son triomphe et le faire tuer ensuite par la main du bourreau.

Les cruautés de la justice criminelle tendent également à disparaître.

Si, comme je le crois, nos mœurs sont plus douces que celles de l'antiquité, le christianisme peut, à bon droit, revendiquer la majeure partie de ce progrès. On doit lui reconnaître une grande part dans l'abolition de l'esclavage, la création de tous nos établissements de bienfaisance, les idées d'égalité et de fraternité qui inspirent les législateurs et les philosophes modernes.

Il a donc eu et a encore une grande influence sur les évènements de ce monde. Cependant les principes caractéristiques de sa morale sont presque toujours au-dessus des forces humaines, et même quelquefois contraires à l'organisme naturel de l'humanité.

Aimez-vous les uns les autres est un excellent conseil que tout bon père donne à ses enfants. Mais on n'aime pas à volonté. Donner l'amour du prochain comme base à nos devoirs, c'est nous imposer une loi que nous ne sommes pas les maîtres d'exécuter.

Par devoir et par obéissance, nous pouvons faire pour autrui ce que nous voudrions qu'on fît pour nous; mais aimer mon ennemi, prier en sa faveur est au-dessus de mes forces. Chercher à le mettre en état de ne pas me nuire, en lui faisant le moins de mal possible, me paraît mon droit. Si nous recevons un soufflet, tendre l'autre joue n'est ni bon ni juste.

Lorsqu'il exige qu'on soit sans péché pour avoir le droit de jeter la première pierre, le Christ, dans sa mansuétude pour la femme adultère, nie le droit de justice humaine indispensable à toutes les sociétés.

Donner un salaire égal à tous ses ouvriers, sans tenir compte de la durée et du mérite du travail, est possible dans un domaine imaginaire, où les ressources seraient infinies. Dans la vie réelle, le maître ne peut payer qu'avec le produit du travail. Si un travailleur est malheureux, le maître peut et doit, il est vrai, à l'aide de ses économies personnelles et par bienfaisance, venir à son secours. Mais les économies humaines ne sont pas inépuisables. Par la force des choses, le patron est obligé de payer le salaire de ses ouvriers, proportionnellement au produit de leur travail, et non suivant leurs besoins et leur bonne volonté.

Compter sur l'intervention de la Providence divine, pour être vêtu et nourri, est très bien dans un pays idéal, où avec quelques pains et un peu de poisson on nourrit des milliers de personnes. Mais, en réalité, si on n'avait ni prévoyance, ni économie, on arriverait promptement à être nu et à mourir de faim.

Vendre tous ses biens, pour en distribuer le produit aux pauvres, est également une exagération impraticable et mauvaise. Si tout le monde vendait, je ne vois pas bien où seraient les acheteurs, et si, faute d'acheteurs, vous mettez tout en commun, vous détruisez la propriété individuelle, qui est le mobile principal de l'activité humaine. Donner une partie de ses biens, pour subvenir aux besoins de la société et secourir les malheureux, est juste ; mais détruire toute propriété personnelle, c'est supprimer l'individualité et la famille, qui sont les éléments de la société.

Entraîné par la logique et sa passion, le Christ ne s'arrête devant aucune des conséquences de sa doctrine. Quand sa mère, ses frères et ses sœurs le réclament, il s'éloigne. en disant à la foule qui l'entoure : C'est vous qui êtes ma mère, mes frères et mes sœurs. Il ose même dire à sa mère : « Femme, qu'y a-t-il entre vous et moi ? » C'est la seule fois où, je trouve de la dureté dans le Christ. Que l'on sacrifie ses affections personnelles au bien public, cela peut être quelquefois un devoir, mais il n'y a jamais de raison pour les méconnaître.

De cet examen des doctrines du Christ, je n'entends en déduire que ceci : c'est qu'elles ne sont pas applicables à la vie terrestre. Il ne faut pas s'étonner de cette conclusion. Le Christ a lui-même déclaré que son royaume n'était pas d'ici-bas, et ses disciples espéraient le règne très prochain de Dieu, le jugement dernier, la fin du monde.

Cette fin du monde n'est pas encore arrivée. L'humanité me paraît devoir durer encore long-temps. Les merveilleux progrès de la science en promettent de nouveaux. Sans connaître le but final de toutes choses, on peut cependant affirmer que la loi de tout ce qui existe est de se développer et de ne finir, à moins d'accident, qu'après avoir acquis son summum de développement, et il est incontestable que l'humanité a encore beaucoup à faire pour y parvenir.

Etant encore pour longtemps sur la terre, elle doit s'y installer et s'y organiser le moins mal possible, et, si le temps accordé à chacun de nous est très court, il nous faut cependant ne pas mépriser le royaume d'ici-bas, savoir ce que nous y devons faire, avoir par conséquent une morale terrestre et non une morale céleste, des préceptes humains et non des principes divins.

Honorer Dieu, son père et sa mère, faire pour autrui ce que nous voudrions qui nous fût fait, exprime parfaitement nos devoirs envers Dieu et notre prochain. Quant à nos devoirs envers nous-mêmes; je crois qu'on peut les résumer ainsi : développer nos facultés intellectuelles et physiques, travailler et économiser.

ECONOMIE ET PROVIDENCE

L'économie est la providence humaine, elle est, comme le travail, une loi nécessaire. Sans elle, le bien-être physique et moral n'aurait fait aucun progrès.

C'est l'économie qui nous permet de créer des établissements de bienfaisance, de perfectionner les instruments de travail et de faire vivre les savants et les artistes.

Si, petits et grands, nous ne faisions, je ne dis pas aucune dépense inutile, ce serait trop exiger et difficile à préciser, mais seulement aucune dépense nuisible à nous-mêmes ou aux autres, l'amélioration du sort humain se ferait avec une grande rapidité.

La Providence divine nous a donné les moyens de pourvoir à tous nos besoins, c'est à nous qu'il appartient d'en faire l'emploi. Quant à une intervention particulière et directe de la Divinité, il ne faut pas y compter.

Dieu n'est pas pour cela indifférent à son œuvre.

Si nous existons, c'est qu'il le veut bien ; s'il cessait de le vouloir, nous retomberions immédiatement dans le néant. C'est ainsi que Dieu peut être considéré comme toujours présent. Mais une intervention matérielle et incessante n'est pas nécessaire. Dieu n'a pas besoin, à chaque instant, de mettre la main à son œuvre pour la faire marcher. Il a tout prévu en la créant.

MIRACLES ET RAISON

Chaque religion a ses miracles et trouve faux ceux de toutes les autres religions. Cela seul suffit pour prouver qu'ils ne sont pas plus vrais les uns que les autres.

Toutes les religions invoquent, à l'appui de leurs miracles la vérité historique et la toute puissance de Dieu. Mais l'histoire n'est qu'une série de traditions dans lesquelles il faut savoir distinguer le vrai du faux, et dont on doit écarter tout ce qui est contraire à la raison. Dieu peut, s'il le veut, contrevenir aux lois qu'il a données à notre monde, mais l'a-t-il fait? Je ne le crois pas, malgré les nombreux prodiges ou miracles racontés depuis la naissance de l'humanité jusqu'à ce jour.

L'homme peut désirer des choses absurdes, et il se les donnerait, s'il en avait le pouvoir. Mais dans un Être d'une unité absolue, il ne peut y avoir de qualités distinctes. La raison, le désir, l'intelligence et la volonté sont une seule et même chose.

Cependant, comme nous, êtres imparfaits, nous sommes obligés de faire une distinction entre vouloir et pouvoir, nous avons le droit de dire, en notre langage, que la puissance de Dieu n'est pas illimitée.

Dieu peut tout créer et tout détruire; mais il ne peut faire que ce qui a existé n'ait pas existé, il ne peut vouloir une contradiction; il ne peut faire que deux et deux ne fassent pas quatre, que la ligne droite ne soit pas le plus court chemin d'un point à un autre. Dieu a eu la puissance de créer tous les êtres vivant sur la terre, mais il n'a pu faire qu'un bateau les ait contenus tous, il y a là, même pour Dieu, une impossibilité matérielle; Dieu ne s'est jamais avisé, je le pense, de se métamorphoser en homme; je n'ai pas cependant le droit d'affirmer son impuissance pour cette transformation; mais je suis sûr que notre organisme est incapable d'opérer, chaque jour, la manducation réelle du corps, de la chair et du sang de ce Dieu.

Comme l'allégation, dans l'ancien ou le nouveau Testament d'un seul fait impossible, suffit pour prouver que l'un et l'autre n'ont pas l'origine et la véracité divines qui leur sont attribuées, je crois avoir démontré que <u>tous</u> les miracles juifs et chrétiens sont, comme tous les prodiges païens, des inventions humaines.

On m'a souvent dit : Il y a des gens bien plus forts que vous, il y a de grands savants dont la croyance aux miracles de la Bible est incontestable. J'ai toujours répondu : Je ne conteste nullement ni la supériorité, ni la bonne foi de ces croyants, mais leur opinion et cet argument ne prouvent rien en faveur des miracles bibliques, par la bonne raison que, dans toutes les religions, lesquelles sont nécessairement contradictoires, il y a des hommes convaincus très intelligents.

Je crois et je dis, avec la simplicité de ma raison : Tous les récits miraculeux peuvent être plus ou moins ingénieux, mais ils sont tous faux. Depuis sa création, notre monde a été soumis aux lois naturelles données par Dieu. Aucun pouvoir surnaturel n'est intervenu.

Est-ce que Dieu a besoin, pour se prouver à l'homme, de venir, par une intervention matérielle et personnelle, violer les lois faites par lui? C'est, au contraire, l'ordre continu et harmonique des lois de l'univers qui démontre, d'une façon incontestable, le créateur intelligent.

Il est certain cependant que, jusqu'à ce jour, les peuples ne sont arrivés à l'idée de Dieu que par les croyances aux prodiges, aux révélations divines, aux miracles. Mais si cette marche est naturelle à l'esprit humain, ce n'est pas une raison pour qu'il en soit toujours ainsi.

Si, jusqu'à ce jour, les peuples n'ont cru qu'à des Dieux ayant des traditions et des formes créées par l'imagination, il ne faut pas en conclure qu'ils n'arriveront jamais à l'idée de Dieu, dégagée de tout artifice humain.

L'homme est essentiellement perfectible. Il est né ignorant, mais Dieu lui a donné l'obligation de chercher la vérité et le pouvoir d'y arriver.

Quand les premiers hommes ont vu le soleil s'élever, descendre et disparaître, ils n'ont pu comprendre que la terre était ronde, qu'elle tournait sur elle-même, et encore moins qu'elle parcourait une ellipse autour du soleil. Il y a eu bien des hypothèses erronées avant d'arriver à la vérité; il a fallu beaucoup de temps et de travail; mais enfin on y est parvenu, sans révélation divine, par la seule puissance de la raison humaine.

Il en sera de même en matière religieuse. Avec le temps et un enseignement rationnel, l'homme arrivera à une religion dégagée de toute superstition, la seule qui puisse avoir la prétention légitime de devenir universelle.

La liberté moderne de penser et de tout discuter, conséquence de la liberté de conscience, pénètre partout et ne laissera de place qu'aux croyances rationnellement défendables.

C'est par la vérité seule qu'il sera possible de conduire et de défendre la société.

L'esprit humain, à force d'avoir voulu, avec raison, se rendre compte de tout, a affiné et étendu son discernement. On ne pourrait plus aujourd'hui, dans nos écoles publiques, enseigner sérieusement comme faits réels le transport du Christ par le diable sur une haute montagne, sa descente aux enfers, Jonas dans une baleine, un troupeau de cochons emportant à la mer des âmes de démons, etc., etc. Dans tous ces récits et autres semblables, je n'ai jamais aperçu qu'une chose vraiment sérieuse, c'est la figure qu'a dû faire le propriétaire du troupeau de cochons, et j'ai toujours été émerveillé de la candeur des personnes intelligentes qui peuvent voir dans ces actes des preuves de missions divines. C'est leur crédulité seule qui est miraculeuse.

———

Nous ne sommes ni impies, ni perdus parce que nous ne croyons plus à ces naïvetés. Notre incrédulité gît dans la nature erronée des choses enseignées, et non dans la perversité de nos sentiments et de nos idées.

Comme on ne pourra arrêter la marche progressive du discernement humain, c'est l'enseignement religieux qu'il faut modifier. Une nouvelle réforme ou plutôt une nouvelle religion est nécessaire. Pour en faciliter l'avènement, nous devons enseigner, sous une forme rationnelle, la croyance en Dieu, l'hommage qui lui est dû et l'espérance dans une autre vie.

Les temps de crédulité sont passés. En continuant à enseigner comme vraies des choses incontestablement fausses, l'instruction religieuse actuelle affaiblit, au lieu de fortifier, le sentiment religieux, si naturel et si nécessaire à l'humanité.

Presque tous les hommes, s'apercevant facilement que les prêtres leur enseignent des choses contraires à la raison, deviennent sceptiques ou indifférents, s'affranchissent de tout culte et finissent par ne croire à rien, pas même en Dieu.

Les enfants, surtout les garçons, par le contact inévitable des incrédules, perdent de très bonne heure toute croyance religieuse.

Les femmes, il est vrai, dont l'instruction a été, jusqu'à ce jour, adaptée à leurs croyances religieuses, ont conservé leur foi à peu près intacte ; mais malgré leur influence sur leurs maris et leurs enfants, elles ne pourront arrêter le mouvement philoso-phique des temps modernes. Elles y seront elles-mêmes entraînées quand elles auront reçu (ce qui est inévitable et désirable) une instruction franche, sans accommodement, qui fera disparaître les contradictions, le malaise, le manque de sincérité, qui règnent dans les rapports de la famille et de la société.

La continuation de l'enseignement religieux actuel a, en outre, le grand inconvénient de préparer et d'accoutumer les esprits à croire des choses contraires à la raison, et partant de rendre presque impossibles les moyens de combattre les préjugés, les superstitions et les théories absurdes ou dangereuses pour la société.

J'ai souvent entendu objecter l'impossibilité de faire comprendre aux enfants et aux ignorants un Dieu purement abstrait, et la nécessité de le présenter aux peuples avec une forme et une généalogie plus ou moins fantaisiste. Comme je ne trouve rien de plus difficile à comprendre que les récits et les catéchismes religieux, cette objection ne me touche nullement.

Je crois la religion indispensable à tout le monde, riches ou pauvres, savants ou ignorants, jeunes ou vieux ; mais je pense qu'elle peut se passer de faux dieux, et que la vérité n'est pas plus difficile à enseigner que l'erreur.

Ce serait du reste un singulier système de morale et de religion que de persévérer à enseigner une chose fausse, sous le prétexte que l'on rencontrerait trop de difficultés dans l'enseignement du vrai.

On est mal venu à invoquer la prétendue inefficacité de la croyance au Dieu purement rationnel, quand on voit tant d'adeptes des religions existantes se conduire, en réalité, comme s'ils ne croyaient pas à leurs Dieux, quand les nations chrétiennes emploient la plus grande partie de leurs ressources à faire des armes et des soldats, quand les prêtres du Christ, qui, pendant des siècles, ont tenu le pouvoir, loin d'être parvenus à faire cesser cet état de guerre, continuent à bénir les armées et chantent des *Te Deum* après chaque horrible massacre.

Tout en reconnaissant les services rendus à la civilisation par les religions, surtout par le christianisme, l'humanité peut, sans ingratitude et sans trop de témérité, entrer dans une voie nouvelle, en abandonnant toutes les superstitions pour ne croire qu'aux révélations de la raison.

Dieu, par ses œuvres, s'est matérialisé suffisamment pour être vu par les esprits les moins cultivés.

Il est, selon moi, plus facile de montrer Dieu aux enfants, en leur faisant étudier un peu de botanique ou de zoologie, qu'en les obligeant à apprendre par cœur toutes les leçons du catéchisme. Il n'y a pas d'ouvrier auquel on ne puisse faire comprendre que le monde est trop régulièrement organisé pour s'être créé tout seul et au hasard, et qu'il révèle un maître puissant et intelligent.

Dieu est accessible à toutes les intelligences. Pour y atteindre, il n'est pas nécessaire d'être un grand savant. Il suffit d'être doué du plus vulgaire bon sens, pour comprendre qu'une horloge suppose nécessairement un horloger.

La conception de l'idée de Dieu est une base suffisante pour y édifier solidement la morale et la religion nécessaires à l'humanité.

Il ne faut donc pas supposer l'écroulement de l'édifice social et la fin de toute civilisation, parce qu'on n'enseignera et ne croira que la vérité.

La croyance au diable et à un enfer où les méchants brûleront éternellement, n'est pas nécessaire pour adorer Dieu et suivre les lois de la morale. Il n'est pas indispensable de croire que des hommes représentent Dieu sur la terre, ni d'envoyer nos femmes et nos filles se confesser à des célibataires.

En attendant la disparition de toutes les superstitions et l'avènement d'une religion rationnelle, tâchons de vivre en paix avec les hommes qui croient à Jéhovah, au Christ, à Mahomet, à Brahma ou à Bouddha, avec ceux qui ne croient à rien, avec les indifférents. Recherchons ceux qui simplement croient en Dieu et espèrent en une autre vie. Suivant notre tempérament et nos forces, fuyons ou combattons les hypocrites, les méchants et les fanatiques, ne disons que ce que nous pensons être vrai, faisons ce que nous croyons juste, remplissons le mieux possible nos devoirs envers Dieu, notre prochain et nous-mêmes.

Tels sont les meilleurs moyens pour être heureux autant qu'il est permis à l'homme de l'espérer.

Bénis soient les pays dont les lois permettent de dire tout ce que l'on pense. Il est seulement regrettable que l'on dise et écrive tant de choses que l'on ne pense pas, et que ce soit même souvent un moyen de parvenir à la puissance et aux honneurs.

P.-M. TRODIRA.

Rouen.— Imp. Emile Deshays et Cᵉ.

Documents manquants (pages, cahiers...)
NF Z 43-120-13